Monika Gänsler

Fensterbilder aus Tonkarton

frechverlag

Für alle Fans von Walt Disneys zauberhaften Figuren: Micky Maus, Dschungelbuch und Aladdin als TOPP-Fensterbilder!

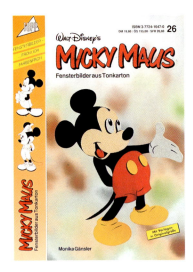

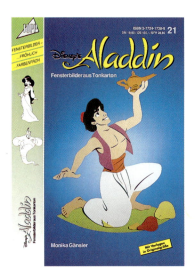

Monika Gänsler
Micky Maus

Disneys Dauerbrenner, der fröhliche, lustige Micky schafft gute Laune, wo immer man ihn anschaut.
32 S., A4, Farbfotos u. Vorlagenbg.

TOPP 1647
ISBN 3-7724-1647-0

Monika Gänsler
Das Dschungelbuch

Viele abenteuerliche und aufregende Motive in bestechender Schönheit, gestaltet für Fenster und Wand.
32 S., A4, Farbfotos u. Vorlagenbg.

TOPP 1686
ISBN 3-7724-1686-1

Monika Gänsler
Disneys Aladdin

Die phantastische Geschichte aus Tausendundeiner Nacht wird von farbenfrohen Fensterbildern erzählt.
32 S., A4, Farbfotos u. Vorlagenbg.

TOPP 1738
ISBN 3-7724-1738-8

Projekt-Management: Anke Maresch
Fotos: Frech-Verlag GmbH + Co. Druck KG, D-70499 Stuttgart, Fotostudio Ullrich & Co., Renningen
Layout: Dieter Betz, Weissach
Hintergrund-Illustration: Armin Baumgartner
© Walt Disney Company. All rights reserved.

Auflage:	5.	4.	3.	2.	1.	Letzte Zahlen
Jahr:	1998	97	96	95	94	maßgebend

1994 erschienen im

frechverlag GmbH+Co. Druck KG, D-70499 Stuttgart

ISBN 3-7724-1781-7 · Best.-Nr. 1781

Druck: Frech-Verlag GmbH+Co. Druck KG, D-70499 Stuttgart

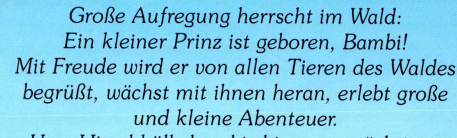

Große Aufregung herrscht im Wald:
Ein kleiner Prinz ist geboren, Bambi!
Mit Freude wird er von allen Tieren des Waldes
begrüßt, wächst mit ihnen heran, erlebt große
und kleine Abenteuer.
Vom Hirschkälbchen bis hin zum prächtigen
Junghirsch und letztendlich zum neuen König des
Waldes wird Bambi durch Höhen und Tiefen des
Lebens geführt. Er verliert seine Mutter, aber sein
Vater, seine Freundin Feline und alle Tiere des Waldes
stehen ihm bei!

Bambi ist eine der beliebtesten Walt Disney
Geschichten, die groß und klein verzaubert.
Bambi, Feline oder auch den Hasen Klopfer im
original Walt Disney-Stil nachzuarbeiten, erfordert
Geduld und etwas Fingerspitzengefühl - aber die
Arbeit lohnt sich. Um das Nachbasteln möglichst zu
erleichtern, finden Sie auf dem Vorlagenbogen jeweils
die gesamte Figur als auch jedes Einzelteil. Anhand
des Motives der Titelseite wird zudem nochmals
Schritt für Schritt das Zusammenfügen der Teile
erklärt - und damit ist es wirklich zu schaffen!

Viel Spaß!
Monika Gänsler

Bastelanleitung

Sie finden in diesem Buch zu jedem Motiv eine genaue Anleitung, wie Sie die Vorderseite der Fensterbilder arbeiten müssen, um Bambi und seine Freunde im original Walt Disney-Stil zu bekommen. Soll Ihr kleines Kunstwerk auf der Rückseite genauso hübsch aussehen, stellen Sie die entsprechenden Motivteile doppelt her und kleben sie in der gleichen Reihenfolge - allerdings spiegelverkehrt - auf. Das hat zudem den Vorteil, daß Ihr Fensterbild noch mehr Stabilität erhält; einseitig gebastelte Motive sollten deshalb bei Bedarf auf der Rückseite mit etwas Karton verstärkt werden.

Das sollten Sie auf jeden Fall beachten:

- Alle schwarzen Teile, wie zum Beispiel die Pupillen, werden mit einem feinen Filzstift aufgemalt.

- Kleine Motivteile, wie etwa der Mund, die Zunge oder die Augenlider, lassen sich mit Buntstiften aufmalen, wenn Ihnen das Ausschneiden, das viel Geduld und Fingerspitzengefühl erfordert, zu mühsam ist.

- Bei Klopfer, dem kleinen Hasen, kann das komplette Mund-Nasen-Teil aus einem einzigen Stück Tonkarton gearbeitet werden; die Zunge, das Mundinnere und die kleine Nasenspitze malen Sie dann mit Buntstiften auf.

Die Schablonen

Die einzelnen Motivteile werden von dem Vorlagenbogen mit einem weichen Bleistift ohne Überschneidungen auf Transparentpapier (eventuell auch Butterbrotpapier) übertragen.
Diese Zeichnungen kleben Sie auf Pappe und schneiden sie exakt aus. Verwenden Sie nicht zu dünne Pappe, sonst gibt es später beim Umfahren Schwierigkeiten, weil die Spitzen wegknicken können.
Haben Sie alle Schablonen erstellt, zeichnen Sie die Umrisse auf den ausgewählten Tonkarton und schneiden die Teile aus.
Die Reihenfolge beim Zusammensetzen des Fensterbildes ist bei jedem Motiv erläutert.
Bei sehr kleinen Teilen können Sie auch auf Schablonen verzichten und die Zeichnungen auf der Rückseite des Transparentpapiers nochmals mit einem weichen Bleistift nachziehen. Dann das Papier auf den Tonkarton (Fotokarton) der gewünschten Farbe legen und die Umrisse auf dem Transparentpapier nachziehen; dabei überträgt sich der auf der Unterseite haftende Graphit auf den Tonkarton, und die Teile können problemlos ausgeschnitten werden. Mit diesem Trick lassen sich auch Klebestellen und die schwarzen Innenlinien markieren.
Um den richtigen Aufhängepunkt zu finden, nimmt man das fertige Bild zwischen Daumen und Zeigefinger und balanciert es aus. Mit Nadel und Faden wird das Bild an dieser Stelle durchstochen.
Bei querformatigen Motiven können Sie

das Fensterbild auch an zwei verschiedenen Stellen durchstechen, mit einem langen Faden verbinden, eine Schlaufe bilden und damit das Bild ausbalancieren.

Ein Tip:
Wenn Sie Bambi in einem größeren Format möchten, vergrößern Sie die Vorlage am besten mit Hilfe eines Kopierers.

Bastelmaterial

Alle Bambi-Fensterbilder wurden aus Tonkarton (Fotokarton) gebastelt.

Werkzeug
- eine mittelgroße, spitze Schere für Umrisse und grobe Arbeiten
- eine kleine, spitze Schere für exakte, feinste Ausarbeitungen
- eine halbrunde Nagelschere für kleine Rundungen
- einen Cutter für schwer zugängliche Stellen

Klebstoff
Als besonders günstig haben sich Klebestifte erwiesen, da bei Flüssigkleber immer die Gefahr besteht, daß er hervorquillt. Damit zusammengeklebte Teile beim Trocknen nicht verrutschen, können Sie sie mit Wäscheklammern zusammenhalten, bis sie getrocknet sind.

Eventuell auftretende Klebstoffspuren lassen sich mit einem Radiergummi beseitigen.

Stifte
Zum Konturieren des Bildes brauchen Sie einen feinen schwarzen Stift. Zudem benötigen Sie noch verschiedene Buntstifte, deckende weiße Farbe und natürlich einen Bleistift samt Radiergummi.

Klopfer weckt den Wald

Farben

Grau, Hautfarbe, Weiß, Dunkelbraun, Rosa, 3 verschiedene Grüntöne, Weinrot, Pink

Vorarbeiten

1. Kopf

Der graue Kopf wird von vorne mit dem hautfarbenen Augenfleck, dem Augenweiß, mit dem grauen Lid und dem Braun des Auges ergänzt.

Die aus zwei Teilen bestehende Schnauze wird folgendermaßen zusammengesetzt: Kleben Sie auf das untere weiße Teil das weinrote Mundinnere und die rosafarbene Zunge; beim oberen Teil werden von hinten die Schneidezähne fixiert.

Die fertige Schnauze wird auf dem Kopf angebracht, ebenso die dunkelbraune Nase, die hautfarbene Wange und das rosafarbene Ohrinnere.

Der Rumpf des aufgeregten Häschens erhält zuerst seinen hautfarbenen Bauch einschließlich der linken Fußsohle, danach die rosafarbenen Fußflecke und dann die weiße Brust. Die hautfarbene Sohle des rechten Fußes und das weiße Schwänzchen werden von hinten an Klopfer fixiert. Das linke Vorderbein anbringen und nun den kompletten Hasen auf die grüne Bodenfläche kleben; der Kleine sitzt mitten in einigen Kleeblüten. Weil Klopfer vor lauter Neuigkeiten fast platzt, hat er seine schwarzen Innenstriche sicher vergessen - denken Sie für ihn daran?

Es war ein herrlicher Frühlingsmorgen. Die Sonne schickte ihre Strahlen über das Land, und im Wald regten sich die ersten Tiere, rieben sich den Schlaf aus den Augen, rekelten und streckten sich.

Plötzlich hallte eine aufgeregte Stimme durch den Wald: „Wacht auf, er ist da, kommt schnell, ein neuer Prinz ist geboren!" Klopfer, der kleine Hase, trommelte vor lauter Aufregung auf den Boden: „Nun kommt doch endlich!"

Komm mit!

Farben
3 verschiedene Brauntöne, Weiß, Hautfarbe, 3 verschiedene Grüntöne, Rosa

Vorarbeiten
Flügel
Auf das große Flügelteil wird von vorne das kleine aufgeklebt. Den Flügel leicht nach außen biegen.

Der dunkelbraune Oberkörper, der einschließlich Kopf aus einem Stück Tonkarton gearbeitet wird, erhält von vorne den braunen Unterkörper mit den Beinen. Darauf sitzt das hautfarbene Bauchteil und die weiße Halskrause. Ergänzen Sie den Kopf von vorne mit den beiden hautfarbenen Wangenteilen und dem weißen Kinn. Jetzt müssen noch die braunen Augenflecke und die hautfarbenen Augen aufgeklebt werden - nicht zu vergessen die dunkelbraunen Lider!
Auf dem unteren braunen Schnabelteil wird die rosafarbene Zunge angebracht und dann das obere Schnabelteil fixiert.
Kleben Sie als nächstes von hinten den Schwanz an und von vorne den vorgearbeiteten linken Flügel. Dann setzt sich die fertige Eule von hinten auf den Baumstamm; erst jetzt können Sie von vorne die dunkelbraunen Füße mit den hautfarbenen Krallen anbringen.
Die drei Grasteile werden in unterschiedlichen Grüntönen ergänzt, dann gibt's noch die schwarzen Innenlinien - und jetzt will die Eule endlich wissen, was es da für tolle Neuigkeiten gibt!

Aus allen Ecken des Waldes, aus jedem Busch und jedem Baum sprangen, hüpften und flatterten die Tiere des Waldes herbei und folgten dem kleinen Klopfer, der ihnen den Weg zeigte. „Ein Prinz ist geboren, habt Ihr gehört?" „Kommt, wir wollen den kleinen Prinzen anschauen!" Und alle Tiere kamen mit, selbst die weise Eule, die sonst kaum aus der Ruhe zu bringen war, wollte dieses große Ereignis nicht verpassen. Noch ein bißchen verschlafen, aber voller Neugierde folgte auch sie dem kleinen Hasen.

Ein kleiner Prinz ist geboren: Bambi

Farben
2 verschiedene Brauntöne, Hautfarbe, Rosa, 2 Grüntöne, Weiß

Vorarbeiten
1. Bambis Kopf
Das braune Gesicht des kleinen Prinzen bekommt von vorne den dunkelbraunen Haarschopf. Nun fixieren Sie das hautfarbene und darauf das rosafarbene Ohrinnere. Als nächstes das linke Ohr von hinten am Kopf festkleben. Bambis Gesicht wird vervollständigt, indem Sie zuerst das hautfarbene Augenteil und dann das Weiß des Auges mit der braunen Augenfarbe und dem dunkelbraunen Lid ankleben. Vergessen Sie die weiße Schnauze nicht!

2. Kopf der Hirschkuh
Der braune Kopf erhält als erstes seine dunkelbraune Stirn, danach die haut- und rosafarbenen Teile des rechten Ohrs. Als nächstes den hautfarbenen Augenfleck fixieren, das Weiß des Auges, das dunkelbraune Auge und das dunkelbraune Lid ankleben. Das linke dunkelbraune Ohr bekommt seine rosafarbene Spitze und wird von hinten am Kopf fixiert. Die weiße Mundpartie zum Schluß ankleben.

Geben Sie der stolzen Mama ihr hautfarbenes Brust-Bauch-Teil, danach das rechte Vorderbein und dann das linke Vorderbein. Der vorgefertigte Kopf findet mit Hilfe der Vorlage seinen Platz. Bevor die Hirschkuh auf die Bodenfläche gesetzt wird, müssen noch die beiden Grasteile angebracht werden.
Bambis Rumpf erhält ebenfalls sein hautfarbenes Brustteil und das hautfarbene Bauchteil. Nun das rechte, vorgefertigte Vorderbein von hinten am Rumpf ergänzen, den dunkelbraunen Rückenstreifen, die hautfarbenen Flecken und den dunkelbraunen Huf fixieren. Wenn Bambi seinen vorgearbeiteten Kopf bekommen hat, kann sich der kleine Prinz an seine Mama kuscheln. Mit einem schwarzen Stift werden die schwarzen Innenlinien eingezeichnet, und jetzt kann das große Abenteuer Leben losgehen!

Und tatsächlich - da lag er! Tief drinnen im sicheren Dickicht auf einem weichen Moosbett lag der neugeborene Prinz, eng an seine stolze Mutter gekuschelt.

Ganz vorsichtig näherten sich die Tiere und gratulierten ihr zu ihrem kleinen Sohn. „Bambi soll er heißen", erklärte sie, und ihre großen, sanften Augen strahlten vor Glück.

Dicke Freunde

Farben
2 verschiedene Brauntöne, Hautfarbe, Rosa, Weinrot, 2 Grüntöne, Weiß, Grau, Gelb

Klopfer:
Vorarbeiten
1. Mund-Nasen-Partie
Kleben Sie auf das untere weiße Mundteil das weinrote Mundinnere und die rosafarbene Zunge; das obere Mund-Nasen-Teil wird von hinten mit den Schneidezähnen und von vorne mit der braunen Nasenspitze ergänzt. Beide Teile zusammengesetzt bilden die fertige Schnauze.

2. Rechtes Bein
Auf diesem Bein sitzt die hautfarbene Sohle mit den rosafarbenen Flecken.

Der Körper des kleinen frechen Hasens wird als ein ganzes Teil ausgeschnitten und bekommt zuerst die rosafarbenen Innenteile der Ohren, dann die hautfarbenen Wangen, den weißen Kragen und das hautfarbene kugelige Bäuchlein. Nun ist die fertige Mund-Nasen-Partie an der Reihe, das linke Bein erhält die hautfarbene Sohle mit den rosafarbenen Flecken. Klopfer will noch seinen linken Arm, das fertig gearbeitete rechte Bein, von hinten sein Schwänzchen und seine Innenlinien - und dann kugelt er sich vor Lachen, mitten auf einem Grasbüschel!

Bambi:
Vorarbeiten
1. Bambis Kopf
Der braune Kopf wird mit dem dunkelbraunen Haarschopf, mit dem hautfarbenen und dem rosafarbenen Teil des rechten Ohres dekoriert. Dann folgen das hautfarbene Augenteil mit dem Weiß des Auges, dem dunkelbraunen Lid und der dunkelbraunen Augenfarbe. Die weiße Mundpartie wird mit dem weinroten Mundinneren und der rosafarbenen Zunge fixiert. Bevor das linke Ohr von hinten angeklebt wird, müssen Sie das hautfarbene und das rosafarbene Teil des linken Ohres anbringen.

2. Schwänzchen
Das weiße Schwänzchen erhält sein dunkelbraunes Oberteil.

3. Linkes Hinterbein
Hier ergänzen Sie die hautfarbene Innenseite.

Bringen Sie auf Bambis Körper den dunkelbraunen Rückenstreifen, die hautfarbenen Flecken und den hautfarbenen Bruststreifen an. Das Schwänzchen, das linke Vorder- und das linke Hinterbein ankleben, den vorgearbeiteten Kopf am Körper fixieren - fertig ist der kleine Lausbub Bambi!
Zum Schluß stellen Sie den Kleinen mitten in die gelbe Blumenwiese, ergänzen noch das Grasteil samt Klopfer, und Ihr schwarzer Stift vervollständigt die beiden Freunde!

„Morgen kann mein Kleiner sicher schon mit Euch spielen! Aber Ihr müßt mir versprechen, daß Ihr dabei immer gut auf ihn aufpaßt!" Zärtlich stupste die Hirschkuh ihren kleinen Prinzen an. „Na, das ist doch Ehrensache!" Klopfer fühlte sich ganz besonders angesprochen, schließlich hatte er als erster die Neuigkeit von der Geburt des Prinzen verbreitet.

Am nächsten Morgen kam der kleine Hase wieder, und Bambi stand schon fest auf seinen dünnen Beinchen. Von da an erschien Klopfer jeden Tag - die beiden wurden dicke Freunde, mit nichts als Unsinn im Kopf, immer bereit für kleine Streiche, ständig auf der Suche nach neuen Abenteuern!

Mutter Wachtel und ihre Kinderschar

Farben
2 verschiedene Brauntöne, Schwarz, Weiß, Hautfarbe, Grün

Mutter Wachtel können Sie einmal als Ganzes aus hautfarbenem Tonkarton ausschneiden, dann bringen Sie den braunen Brust-Wangen-Fleck an; dieses Teil bekommt von vorne einen weißen Rand und der Kopf von hinten die schwarze Feder. Im unteren Bauchbereich wird ein brauner Streifen angeklebt, darauf das rechte schwarze Bein fixiert. Als nächstes das dunkelbraune Rückenteil und den dunkelbraunen Schnabel anbringen. Der rechte dunkelbraune Flügel erhält einen braunen Rand, der mit kleinen weißen Teilen verziert wird. Das weiße Auge aufkleben und das linke schwarze Bein von hinten am Körper fixieren. Dann stellt sich die Wachtelmutter auf die grüne Bodenfläche und wartet auf ihre Innenlinien und auf ihre Kinder.

Die Körper der kleinen Wachtelkinder werden jeweils komplett aus dunkelbraunem Tonkarton ausgeschnitten und mit einem hautfarbenen Bauchteil versehen.
Die kleinen Flügelchen nicht vergessen! Die Kopffedern, die Füße und die Augen werden mit einem schwarzen Stift aufgemalt, wenn die große Kinderschar kunterbunt durcheinander auf der Bodenfläche sitzt.

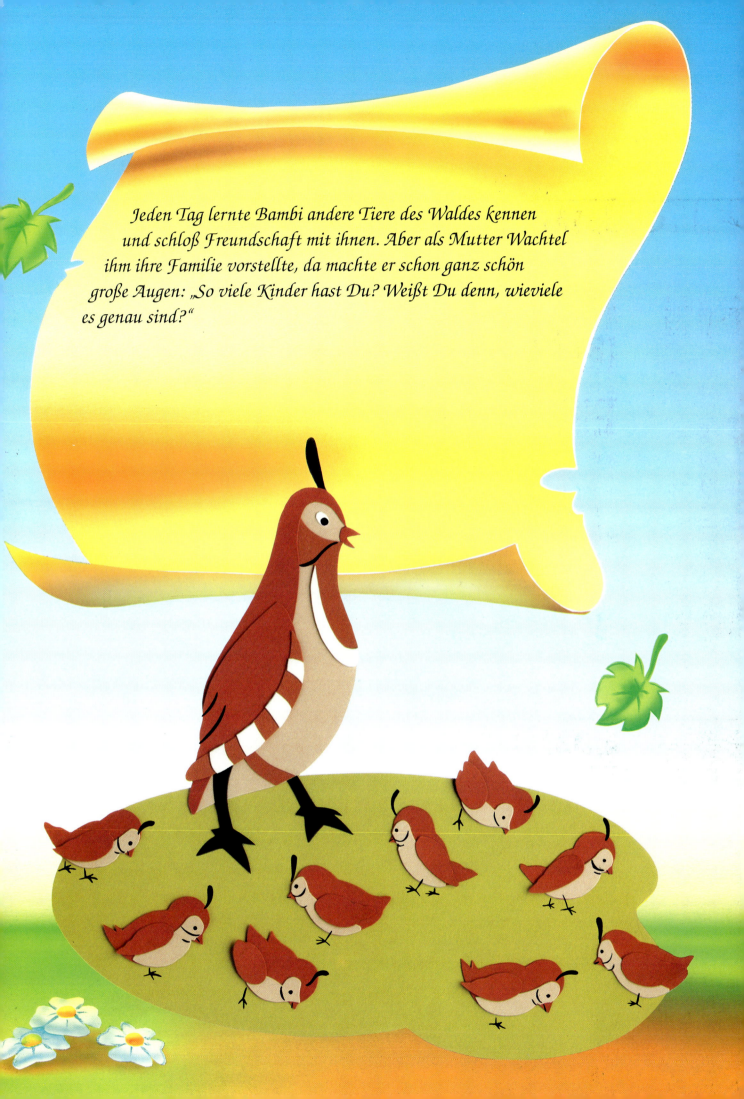

Jeden Tag lernte Bambi andere Tiere des Waldes kennen und schloß Freundschaft mit ihnen. Aber als Mutter Wachtel ihm ihre Familie vorstellte, da machte er schon ganz schön große Augen: „So viele Kinder hast Du? Weißt Du denn, wieviele es genau sind?"

Familie Opossum

Farben

4 verschiedene Brauntöne, Hautfarbe, Rosa, Weiß, Grau, 2 verschiedene Grüntöne

Bambi:
Vorarbeiten
1. Bambis Kopf

Der braune Kopf erhält den dunkelbraunen Haarschopf; das linke Ohr bekommt sein hautfarbenes und danach sein rosafarbenes Innere. Das rechte Ohr bringen Sie von hinten an.
Dann das hautfarbene Augenteil, das Weiß des Auges mit dem dunkelbraunen Augenlid und der braunen Augenfarbe fixieren, die weiße Mundpartie mit der rosafarbenen Zunge zum Schluß ergänzen.

2. Linkes Hinterbein

Das linke braune Hinterbein bekommt das hautfarbene Innenteil.

3. Schwänzchen

Das weiße Schwänzchen wird mit einem dunkelbraunen Oberteil geschmückt.

Opossum:
Vorarbeiten
1. Köpfe

Bei allen Köpfen werden von vorne die weißen Gesichter aufgeklebt.
Mutter Opossum erhält zusätzlich noch eine rosafarbene Nasenspitze und ein rosafarbenes Ohrinnenteil.

2. Körper

Auf alle grauen Körper fixieren Sie jeweils zwei weiße Teile, einmal das Brustteil und einmal das Bauchteil. Mutter Opossums Füße werden noch mit hautfarbenen Sohlen dekoriert.

Zuerst kleben Sie von hinten das Gras am Baum fest. Dann den Baum mit Hilfe der Vorlage auf der Grasfläche positionieren. Auf Bambis Rücken fehlen jetzt noch ein dunkelbrauner Streifen und hautfarbene Flecken.
Von hinten wird der Körper mit dem linken Vorderbein, dem linken Hinterbein und dem Schwänzchen ergänzt. Dann den fertigen Kopf fixieren und die Hufe nicht vergessen! Bambi stellt sich auf die Wiese und schaut sich Familie Opossum einmal genauer an.
Mutter und Kinder hängen an dem Ast, die Köpfe werden ergänzt und die Schwanzenden aufgeklebt.
Die Blätter des Baumes müssen aus Stabilitätsgründen so angeklebt werden, daß sie mit Bambis Schwanz verbunden sind - das ist sehr wichtig! Mit einem schwarzen Stift werden dann noch alle schwarzen Teile aufgemalt.
Und jetzt schauen wir mal, wie die Welt verkehrt herum aussieht...!

Einmal traf Bambi auch Mutter Opossum mit ihren Kindern, ... aber irgendetwas stimmte da doch nicht, ... da war doch irgendetwas verkehrt herum ... Bambi mußte seinen Hals ziemlich verdrehen, bis er Familie Opossum so richtig guten Tag sagen konnte. „Was gibt es doch für seltsame Tiere", dachte er bei sich.

Was gab es nicht alles zu lernen ...

Farben
2 verschiedene Brauntöne, Hautfarbe, Rosa, Weiß, Grün, Hellgrün, Gelb

Vorarbeiten

1. Bambis Kopf

Der dunkelbraune Haarschopf sitzt vorne auf dem braunen Kopf. Dann ergänzen Sie das rechte Ohr mit dem haut- und dem rosafarbenen Innenteil, bringen von hinten das linke Ohr an. Das Gesicht wird vervollständigt, indem erst das hautfarbene Augenteil, danach das Weiß des Auges mit der dunkelbraunen Augenfarbe und dem dunkelbraunen Lid angebracht wird. Denken Sie auch an die weiße Mundpartie!

2. Bambis rechtes Vorderbein

Die hautfarbene Innenseite und den braunen Huf ergänzen.

3. Schmetterling

Beide Schmetterlingsflügel mit dem hautfarbenen Teil versehen; dann können Sie den linken Flügel im unteren Bereich auf das rechte Teil kleben. Die dekorativen Ovale nicht vergessen!

Auf Bambis Rumpf fixieren Sie von vorne das große hautfarbene Schwanzteil, das hautfarbene Halsteil, den dunkelbraunen Rückenstreifen, die hautfarbenen Flecken und die drei dunkelbraunen Hufe. Dann den vorgearbeiteten Kopf und das rechte Vorderbein anbringen und den fertigen Schmetterling von hinten am Schwänzchen fixieren.

Malen Sie mit einem schwarzen Stift die Innenlinien auf, und mit einigen bunten Blumen wird die Wiese vervollständigt.

So lernte Bambi hinzu - und was es da alles zu lernen gab!
All die verschiedenen Begriffe für die vielen, vielen Tiere des
Waldes. Zum Beispiel diejenigen, die fliegen konnten, hießen
„Vögel" - aber dann doch wieder nicht alle. Denn da gab es auch
„Schmetterlinge", und die konnten auch fliegen, ... zum Glück war
Klopfer so ein geduldiger und lieber Lehrer!

Stinktier Blume

Farben
Schwarz, Weiß, Rosa, Mint, Blau, Grün, Pink

Vorarbeiten
1. Kopf
Der weiße Kopf wird mit den beiden schwarzen Teilen beklebt, mit dem weißen Augenfleck, dem weißen Auge und dem Blau des Auges. Zum Schluß die rosafarbene Zunge anbringen.

2. Schwanz
Auf dem weißen Schwanz fixieren Sie die beiden schwarzen Teile.

3. Linkes und rechtes Bein
Die rosafarbenen Fußsohlen ankleben.

Der weiße Körper bekommt von vorne das rechte schwarze Seitenteil, den linken und danach den rechten Arm. Jetzt werden von hinten der vorgefertigte Schwanz, das linke Bein und von vorne der vorgearbeitete Kopf angebracht. Das fertige Stinktier findet seinen Platz auf der mintfarbenen Bodenfläche - passend zu seinem Namen sitzt der kleine Kerl mitten in einer Blumenwiese!
Und natürlich braucht Blume dann noch seine Innenlinien.

Eines hatte Bambi aber schon gelernt: Die vielen bunten Farbflecken auf der Wiese, das waren Blumen! Und wie die dufteten, ... als er sein neugieriges Näschen in das Blütenmeer tauchen wollte, stieß er plötzlich auf ein schwarz-weißes Etwas. Für Bambi war die Sache klar: „Blume!" Klopfer kugelte sich vor Lachen: „Aber Bambi, das ist doch keine Blume, das ist ein Stinktier - aber der Name ist nett, da hast Du recht!"

Bambi und Feline

Farben
Verschiedene Brauntöne, Weiß, Rosa, Hautfarbe, Blau, verschiedene Grüntöne

Vorarbeiten

1. Beide Köpfe

Die Köpfe von Bambi und Feline erhalten die dunkelbraunen Haarschöpfe, die hautfarbenen Augenflecke, das Weiß der Augen, die dunkelbraunen Augenlider, die Augenfarben und die weißen Mundpartien. Felines rechtes Ohr wird mit dem hautfarbenen und dem rosafarbenen Innenteil dekoriert. Geben Sie den beiden noch jeweils von hinten ihr zweites Ohr.

2. Felines linkes Hinterbein

Hier sollten Sie das hautfarbene Innenteil ergänzen.

3. Bambis rechtes Vorder- und Hinterbein

Auch diese zwei Beine werden mit hautfarbenen Innenteilen geschmückt.

4. Beide Schwänzchen

Die weißen Schwänzchen werden mit den braunen Oberteilen versehen.

5. Die Wasserfläche

Die Wasserfläche klebt von vorne auf dem grünen Landteil; arrangieren Sie die Grasbüschel und die Steine nach Lust und Laune! Nur bei Feline müssen Sie berücksichtigen, daß sie von dem linken Grasbüschel und dem braunen Stein teilweise verdeckt wird - diese Teile können Sie also erst aufkleben, wenn Bambis kleine Freundin auf der Grasfläche steht.

Felines Körper erhält von vorne den dunkelbraunen Rückenstreifen, die hautfarbenen Brust-Bauch-Teile, die hautfarbenen Flecken und den Kopf.
Von hinten werden der Schwanz und die beiden linken Beine fixiert - den Huf nicht vergessen! Bambi können Sie genauso arbeiten. Mit einem schwarzen Stift werden die schwarzen Innenlinien ergänzt.

Und was war das für ein komisches Ding, das durch die Wiese hüpfte und „Quak, quak!" schrie. Mit einem gewaltigen Satz landete dieser Kerl im Teich. Bambi beugte sich über das Wasser - und was war das? Da drin war etwas, das genauso aussah wie er selbst! „Das eine war ein Frosch, und das andere ist Dein Spiegelbild!" erklärte ihm Klopfer und mußte dabei schon wieder ein bißchen schmunzeln.

Plötzlich tauchte neben Bambi noch ein zweites Spiegelbild auf - noch jemand, der aussah wie er selbst ... zumindest fast!

„Hallo, ich heiße Feline! Willst Du mit mir spielen?"

So lernte Bambi die kleine Feline kennen, und die zwei wurden dicke Freunde.

Bambis erster Winter

Farben

2 verschiedene Brauntöne, Rosa, Weiß, Weinrot, Hautfarbe, Grau, Mint

Klopfer:
Vorarbeiten
1. Kopf

Der graue Kopf braucht als erstes das rosafarbene Ohrinnere, dann den hautfarbenen Augenfleck, das Weiß des Auges mit der braunen Augenfarbe und dem grauen Augenlid.

Das untere weiße Mundteil wird mit dem weinroten Mundinneren und der rosafarbenen Zunge ergänzt; das obere weiße Mundteil versehen Sie von hinten mit den Schneidezähnen. Die fertige Mundpartie fixieren, die Nasenspitze ankleben. Dann erhält der Kopf jeweils ein hautfarbenes Wangenteil von vorne und eines von hinten.

2. Füße

Beide hautfarbenen Füße mit den rosafarbenen Flecken versehen.

Auf Klopfers Körper kleben Sie von vorne das hautfarbene Bäuchlein und von hinten das weiße Schwänzchen. Mit Hilfe der Vorlage den fertigen Kopf, die Füße und zum Schluß den rechten Arm positionieren.

Bambi:
Vorarbeiten
1. Kopf

Kleben Sie auf den braunen Kopf den dunkelbraunen Haarschopf, das hautfarbene und das rosafarbene Ohrinnere, den hautfarbenen Augenfleck, das Weiß des Auges mit der braunen Augenfarbe und dem Lid. Vergessen Sie die weiße Mundpartie mit dem weinroten Mundinneren und der rosafarbenen Zunge nicht.

(Fortsetzung siehe Seite 26)

Eines Tages trafen Bambi und seine Mutter den König des Waldes: ein großer, majestätischer Hirsch! Er war der älteste und der klügste Hirsch des Waldes, - und er war Bambis Vater! Genau in diesem Moment knallte ein Schuß durch den Wald - Menschen! In Panik flüchteten Bambi und seine Mutter, der König des Waldes brachte sie in Sicherheit. Doch die Menschen kamen wieder, und irgendwann - es war schon Winter geworden -, hatten sie Erfolg. „Deine Mutter kann nun nicht mehr für Dich sorgen." Der König des Waldes und all die vielen Freunde, die Bambi unter den Tieren des Waldes hatte, halfen ihm über diese schweren Wochen hinweg. Vor allem Klopfer kümmerte sich um ihn - und wenn sie ausgelassen durch den Schnee tollten, dann vergaß Bambi für kurze Zeit sogar, daß er seine Mutter verloren hatte.

Welch eine Überraschung

(Fortsetzung von Seite 24)
2. Schwänzchen
Auf dem weißen Schwanz fixieren Sie die dunkelbraune Oberseite.

Auf Bambis Körper werden der dunkelbraune Rückenstreifen, die hautfarbenen Flecken und die hautfarbene Brust geklebt. Dann bekommt er von hinten sein Schwänzchen und sein linkes Vorderbein. Die Hufe fixieren! Kleben Sie den fertigen Kopf an, und plazieren Sie Bambi auf der Schneefläche. Das rechte Vorderbein sollten Sie jetzt allerdings noch nicht festkleben, denn der kleine Klopfer muß noch dahintergeschoben und fixiert werden.
Im Hintergrund stehen zwei Tannen, die Sie ruhig in unterschiedlichen Farben arbeiten können.
Und zum Schluß ist nur noch ein schwarzer Stift nötig, um die Innenlinien zu ergänzen.

(Anleitung zu Motiv Seite 27)
Farben
3 verschiedene Brauntöne, Weiß, Hautfarbe, Rosa, Weinrot, 2 Grüntöne

Vorarbeiten
1. Kopf
Der Kopf wird von vorne mit den hautfarbenen Wangen, dem rosafarbenen Ohrinneren, danach mit dem Weiß beider Augen und mit den braunen Teilen für die Augen beklebt. Die Pupillen können Sie auch später aufmalen.
Nun das weiße Kinn mit dem weinroten Mundinneren und der rosafarbenen Zunge versehen und alles aufkleben. Bevor das obere weiße Mundteil angebracht wird, klebt man von hinten noch die Schneidezähne und von vorne das rosafarbene Näschen an.

Der braune Körper erhält sein hautfarbenes Bäuchlein, danach den braunen linken Arm, die weiße Brust und erst jetzt den rechten Arm. Die braunen Füße von vorne und den prächtigen Schwanz von hinten fixieren. Der vorgefertigte Kopf wird entsprechend der Vorlage plaziert; dann findet das Tierchen seinen Platz auf einem braunen Ast mit grünen Blättern.
Mit einem schwarzen Stift das Fensterbild vervollständigen!

Und dann kam der Frühling zurück, die Luft wurde wärmer, die Tiere erwachten aus dem Winterschlaf. Und was gab es da zu sehen? Aus Bambi, dem kleinen Hirschkälbchen, war ein prächtiger Junghirsch geworden! Selbst das Eichhörnchen lief neugierig herbei, um sich Bambi einmal näher anzuschauen. Und auch Feline hatte sich verändert: Vor Bambi stand eine bildhübsche junge Hirschkuh! Kein Rivale hatte gegen Bambi eine Chance, wenn der starke Junghirsch um seine Freundin kämpfte! Selbst in allergrößter Gefahr ließ er sie nicht im Stich!

Nachwuchs bei Feline und Bambi

Farben
2 verschiedene Brauntöne, Weiß, Hautfarbe, Rosa, Grün

Vorarbeiten

1. Die Köpfe der beiden Hirschkälbchen

Die beiden braunen Köpfe erhalten die dunkelbraunen Haarschöpfe, die hautfarbenen Augenflecke, die rosafarbenen Ohrteile und die weißen Mundpartien.
Der Kopf des hinteren Kleinen wird mit dem Weiß des Auges und mit dem Dunkelbraun der Augenfarbe ergänzt; beide brauchen auch die dunkelbraunen Augenlider. Wenn Sie jetzt noch jeweils das rechte Ohr von hinten anbringen, sind die Köpfe fertig.

2. Der Körper des hinteren Hirschkälbchens

Der Körper wird mit dem dunkelbraunen Rückenstreifen, mit den hautfarbenen Flecken und dem hautfarbenen Brustteil versehen.

3. Der Körper des vorderen Hirschkälbchens

Hier bekleben Sie den Körper von vorne mit dem hautfarbenen Bauchteil, dem dunkelbraunen Huf und den hautfarbenen Flecken. Von hinten das dunkelbraune Schwanzteil ergänzen.

Auf die grüne Bodenfläche wird als erstes der Körper des hinteren Kälbchens, dann erst sein Geschwisterchen geklebt. Beide vorgefertigten Köpfe mit Hilfe der Vorlage fixieren, und zum Schluß die beiden Kleinen mit einem schwarzen Filzstift vervollständigen.

Es war ein herrlicher Frühlingsmorgen. Die Sonne schickte ihre Strahlen über das Land, und im Wald regten
sich die ersten Tiere, rieben sich den Schlaf aus den Augen,
rekelten und streckten sich.

Plötzlich hallte eine aufgeregte Stimme durch den Wald. „Wacht
auf, kommt schnell, nun kommt doch endlich!" Der Hase Klopfer
trommelte vor lauter Aufregung auf den Boden. Und alle Tiere
kamen mit, hüpften, kletterten und sprangen Klopfer hinterher.
Und was bot sich ihnen für ein Bild: Tief drinnen im sicheren
Dickicht auf einem weichen Moosbett lagen zwei neugeborene
Hirschkälbchen, dicht an ihre Mutter Feline gekuschelt,
die Kinder von Prinz Bambi.

Bambi, der neue König des Waldes!

Farben
Weiß, 3 verschiedene Brauntöne, Hautfarbe, Grün

Vorarbeiten

1. Bambis Oberkörper
Für den dunkelbraunen Oberkörper benötigen Sie zuerst die braune Halspartie, den hautfarbenen Augenfleck und das Weiß des Auges mit der dunkelbraunen Augenfarbe. Das hautfarbene Mundteil nicht vergessen!

2. Ohr und Schwänzchen
Setzen Sie Bambis Ohr und dann sein Schwänzchen zusammen; sie bestehen jeweils aus zwei Teilen.

3. Linkes Vorder- und Hinterbein
Beide Beine mit den hautfarbenen Innenteilen versehen.

Bambis Rumpf wird mit dem Oberkörper beklebt. Nun folgen die hautfarbenen Brust- und Bauchteile. Von hinten die vorgefertigten Beine, das Schwänzchen und das prächtige Geweih fixieren. Wenn auch das Ohr angeklebt ist und die Innenlinien ergänzt sind, findet der neue König des Waldes seinen Platz hinter der Grasfläche.

Und Bambi? Wo war Bambi?

Hoch oben auf einem Hügel standen Bambi und sein Vater und blickten ins Tal hinab. Dort unten war die Familie und die Heimat Bambis. „Nun ist die Zeit gekommen, Dir mein Reich zu übergeben. Ich bin müde!" Der alte König des Waldes drehte sich um und verschwand im Wald. Bambi blieb allein zurück und blickte ins Tal, in sein Tal, denn nun war er der neue König des Waldes.

Ende